EVLD WITHDRAWN

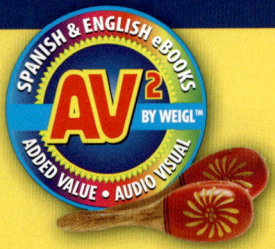

Visita nuestro sitio www.av2books.com e ingresa el código único del libro.
Go to www.av2books.com, and enter this book's unique code.

CÓDIGO DEL LIBRO
BOOK CODE

D776682

AV² de Weigl te ofrece enriquecidos libros electrónicos que favorecen el aprendizaje activo.
AV² by Weigl brings you media enhanced books that support active learning.

El enriquecido libro electrónico AV² te ofrece una experiencia bilingüe completa entre el inglés y el español para aprender el vocabulario de los dos idiomas.

This AV² media enhanced book gives you a fully bilingual experience between English and Spanish to learn the vocabulary of both languages.

 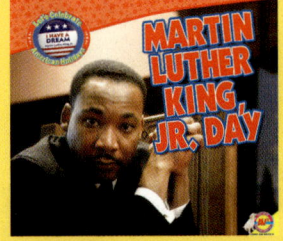

Spanish **English**

Navegación bilingüe AV²
AV² Bilingual Navigation

CHANGE LANGUAGE ENGLISH SPANISH
OPCIÓN DE IDIOMA
LANGUAGE TOGGLE

BACK NEXT
CAMBIAR LA PÁGINA
PAGE TURNING

CERRAR
CLOSE

INICIO
HOME

VISTA PRELIMINAR
PAGE PREVIEW

Copyright ©2016 AV² de Weigl. Library of Congress Cataloging-in-Publication Data se encuentra en la página 24.
Copyright ©2016 AV² by Weigl. Library of Congress Cataloging-in-Publication Data is located on page 24.

Celebremos las fechas patrias

Día de Martin Luther King Jr.

ÍNDICE

- 2 Código del libro de AV²
- 4 ¿Cuándo es el Día de Martin Luther King, Jr.?
- 6 ¿Quién fue Martin Luther King, Jr.?
- 8 Tengo un sueño
- 10 ¿Qué es el Día de Martin Luther King, Jr.?
- 12 Dónde se celebra
- 14 Cómo se celebra
- 16 Más tradiciones
- 18 Ayudando al prójimo
- 20 Honrando a Martin Luther King, Jr.
- 22 Datos sobre el Día de Martin Luther King, Jr.

El Día de Martin Luther King, Jr. se celebra el tercer lunes de enero. Es un día para recordar a Martin Luther King, Jr. y honrar sus enseñanzas.

Martin Luther King, Jr. fue un pastor y orador público. Dio importantes discursos sobre la igualdad y libertad que movilizaron a la gente.

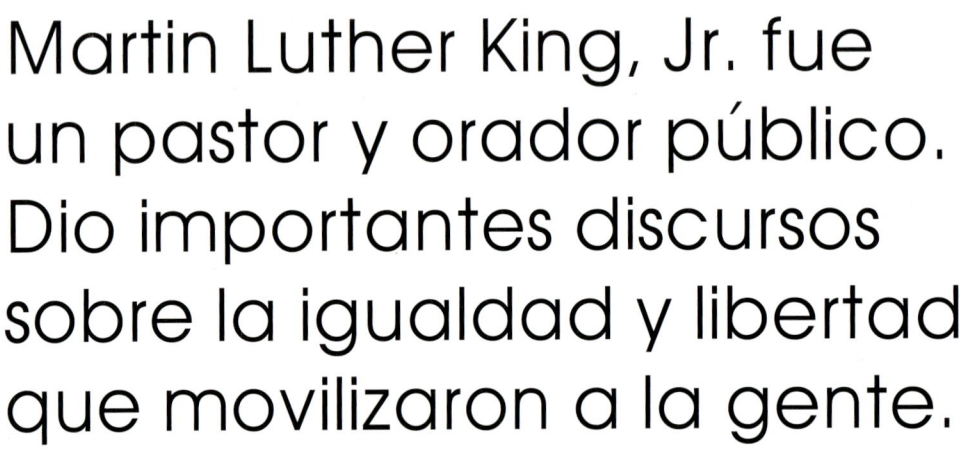

Martin Luther King, Jr. dedicó su vida a ayudar a la gente a ser tratada en forma justa.

En 1963, Martin Luther King, Jr. dio un famoso discurso. Habló sobre lo que soñaba para Estados Unidos.

Más de 250.000 personas se reunieron para escuchar a Martin Luther King, Jr. dar su discurso "Tengo un sueño" en el Monumento a Lincoln.

Martin Luther King, Jr. fue asesinado de un tiro en 1968. La gente quería un día especial para honrar su memoria.

El Día de Martin Luther King, Jr. fue declarado fecha patria en 1983.

En todo el país se realizan eventos especiales. Muchas ciudades organizan grandes desfiles.

En Los Angeles, hay un gran concierto después del desfile.

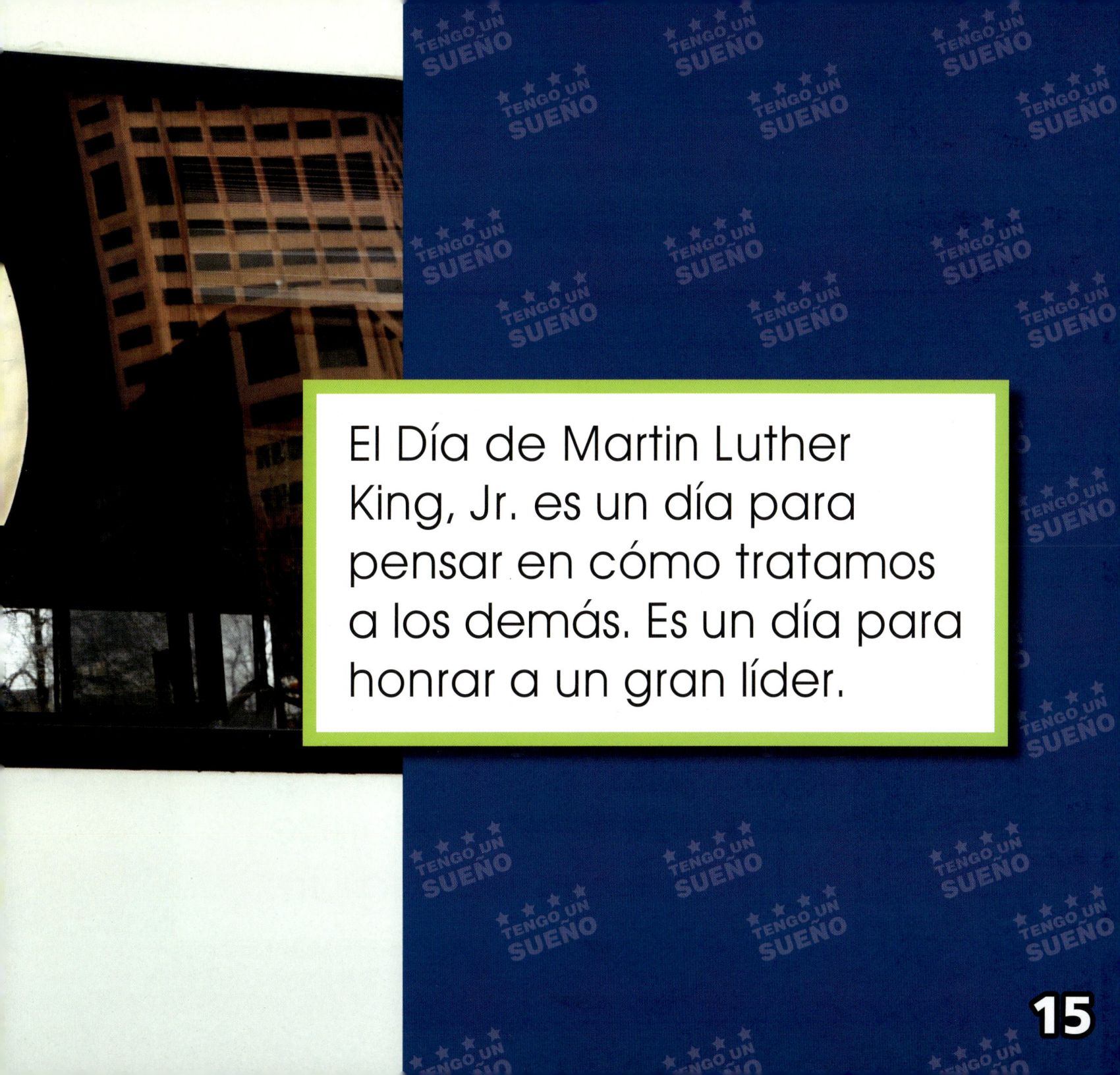

El Día de Martin Luther King, Jr. es un día para pensar en cómo tratamos a los demás. Es un día para honrar a un gran líder.

Martin Luther King, Jr. es recordado en muchas partes del país. La gente visita su hogar de la infancia y su iglesia para conocer más sobre él.

La gente de Atlanta, Georgia, puede visitar la casa donde nació Martin Luther King, Jr.

Esta fecha patria es un día para ayudar a los demás. Se lo llama, el día de la solidaridad.

La gente piensa en la libertad y la paz en el Día de Martin Luther King, Jr.

Martin Luther King, Jr. fue un líder que luchó por el tratamiento justo de todas las personas. La gente lo honra tratando de hacer de éste un mundo mejor.

DATOS SOBRE EL DÍA DE MARTIN LUTHER KING, JR.

Estas páginas contienen más detalles sobre los interesantes datos de este libro. Están dirigidas a los adultos, como soporte, para que ayuden a los jóvenes lectores a redondear sus conocimientos sobre cada celebración presentada en la serie *Celebremos las fechas patrias*.

Páginas 4–5

El Día de Martin Luther King, Jr. se celebra el tercer lunes de enero. El Dr. Martin Luther King, Jr. fue uno de los líderes más famosos del Movimiento Americano por los Derechos Civiles en los años 60. King nació el 15 de enero de 1929. El feriado es cerca de su fecha de cumpleaños.

Páginas 6–7

Martin Luther King, Jr. fue un pastor y orador público. De niño, King asistía a una escuela segregada y lo trataban diferente por el color de su piel. Cuando creció, se hizo pastor y orador público. King escribió libros y artículos sobre los derechos civiles. Dio importantes discursos que motivaron a la gente a luchar por la igualdad.

Páginas 8–9

En 1963, Martin Luther King, Jr. dio un famoso discurso. El 28 de agosto, King dio su famoso discurso "Tengo un sueño" en las escalinatas del Monumento a Lincoln. En él decía que quería que todas las personas sean tratadas en forma justa. El discurso fue parte de la Marcha sobre Washington, una protesta pacífica por los derechos civiles, y sigue siendo uno de los discursos más famosos de la historia.

Páginas 10–11

Martin Luther King, Jr. fue asesinado de un tiro en 1968. King creía que todos debían ser tratados con igualdad. Quería que la gente luchara por los derechos igualitarios haciendo protestas pacíficas. Pero no todos estaban de acuerdo con sus creencias. El 4 de abril de 1968, James Earl Ray asesinó a King en Memphis, Tennessee. El Día de Martin Luther King, Jr. fue creado para honrar la memoria de King y difundir su mensaje de igualdad.

Páginas 12–13  **En todo el país se realizan eventos especiales.** Los desfiles suelen ser una parte importante de los festejos por el Día de Martin Luther King, Jr. Estos desfiles por lo general incluyen coloridas carrozas, bailarines y bandas militares. En Los Angeles se realiza un desfile de más de 2 millas (3,2 kilómetros) de largo y con más de 180 carrozas. En la ciudad de Nueva York, miles de personas se reúnen para marchar por la ruta del desfile, de 25 cuadras.

Páginas 14–15  **El Día de Martin Luther King, Jr. es un día para pensar en cómo tratamos a los demás.** Es importante recordar el mensaje de King sobre el tratamiento igualitario de todas las personas. El feriado es un día para recordar la vida de King y celebrar la igualdad y libertad. Por lo general, las escuelas, bancos y oficinas están cerradas para que la gente pueda celebrar.

Páginas 16–17  **Martin Luther King, Jr. es recordado en muchas partes del país.** Algunas ciudades honran a King con estatuas, monumentos y edificios que llevan su nombre. En Washington, D.C. se inauguró un monumento a Martin Luther King, Jr. el 28 de agosto de 2011. En Atlanta, el hogar de la infancia de King y la iglesia donde trabajaba son lugares históricos nacionales.

Páginas 18–19  **Esta fecha patria es un día para ayudar a los demás.** Con frecuencia se lo llama el Día de la Solidaridad de Martin Luther King, Jr. Mucha gente cree que la mejor forma de honrar la memoria de King es continuar con su obra y ayudar a los demás. La gente se ofrece como voluntaria para cocinar y servir comida a los que no tienen hogar. Limpian sus comunidades. Pasan tiempo con las personas mayores o se ofrecen como tutores de personas que necesitan ayuda.

Páginas 20–21  **Martin Luther King, Jr. fue un líder que luchó por el tratamiento justo de todas las personas.** Hoy, los líderes de los Derechos Civiles dan discursos sobre King y su lucha por la libertad de las personas. Algunos visitan el Centro King en Atlanta, Georgia, para conocer más sobre él y su obra.

¡Visita www.av2books.com para disfrutar de tu libro interactivo de inglés y español!
Check out www.av2books.com for your interactive English and Spanish ebook!

1. Entra en www.av2books.com
   Go to www.av2books.com

2. Ingresa tu código
   Enter book code

   D776682

3. ¡Alimenta tu imaginación en línea!
   Fuel your imagination online!

www.av2books.com

Published by AV² by Weigl
350 5th Avenue, 59th Floor New York, NY 10118
Website: www.av2books.com   www.weigl.com

Copyright ©2016 AV² by Weigl
All rights reserved. No part of this publication may be reproduced, stored in a retrieval system, or transmitted in any form or by any means, electronic, mechanical, photocopying, recording, or otherwise, without the prior written permission of the publisher.

Library of Congress Control Number: 2014949691

ISBN 978-1-4896-2673-8 (hardcover)
ISBN 978-1-4896-2674-5 (single-user eBook)
ISBN 978-1-4896-2675-2 (multi-user eBook)

Printed in the United States of America in North Mankato, Minnesota
1 2 3 4 5 6 7 8 9 0   18 17 16 15 14

112014
WEP020914

Weigl acknowledges Getty Images as the primary image supplier for this title.

Project Coordinator: Jared Siemens
Spanish Editor: Translation Cloud LLC
Design and Layout: Ana María Vidal